wu wei

Henri Borel

wu wei

a sabedoria do não-agir

ensaio introdutório

Luis Carlos Lisboa

2ª reimpressão

ATTAR EDITORIAL

São Paulo, 2020

Capa:
Pintura de Rubens Matuck sobre papel
marmorizado de Luiz Fernando Machado

Tradução:
Margarita Lamelo Cacuro e Sergio Rizek

Projeto gráfico e editoração:
Silvana de Barros Panzoldo

Edição:
Sergio Rizek

Dados Internacionais de Catalogação na Publicação (CIP)
(Câmara Brasileira do Livro, SP, Brasil)

Borel, Henri
Wu Wei: a sabedoria do não-agir / Henri Borel ; apresentação Luis Carlos Lisboa ; tradução Margarita Lamelo Cacuro e Sergio Rizek. — São Paulo : Attar, 1996.

1. Filosofia taoísta 2. Lao-Tzu 3. Wu Wei
I. Título

96-4551 CDD-181.09514

Índices para catálogo sistemático
1. Taoísmo : Filosofia chinesa 181.09514
2. Wu Wei : Filosofia taoísta 181.09514

ISBN 978-85-85115-09-8

ATTAR EDITORIAL
rua Madre Mazzarello 336 cep 05454-040
tel / fax: (011) 3021 2199 São Paulo - SP
attar@attar.com.br | www.attar.com.br

SUMÁRIO

PREFÁCIO DO EDITOR

O escritor e sinólogo Henri Borel nasceu na Holanda em meados do século passado. De seus estudos sobre o taoísmo, o *Wu Wei* tornou-se o mais conhecido, com repercussão em vários países europeus. As duas primeiras traduções da obra apareceram na França (trad. Pierre Bernard. Paris, Éditions Fishbacher, 1912; trad. Félicia Barbier. Paris, Éditions du Monde Nouveau, 1931), e uma terceira na Inglaterra (trad. M. E. Reynolds. London, Edit. Dwight Goddard Luzac & Co., 1936). A versão que aqui apresentamos baseou-se nas três traduções acima citadas e é, de fato, a primeira em língua portuguesa.

O *Wu Wei* foi concebido a partir de estudos sobre os ensinamentos de Lao Tsé que, como é sabido, se encontram reunidos em sua obra única, o *Tao Te King*. Assim, não por acaso a *Attar Editorial* publica-o agora, quando reeditada a tradução e comentários do *Tao Te King* de Marc Haven e Daniel Mazir. Apesar de serem obras de caráter absolutamente diverso, ambas privilegiam, cada uma a seu modo, a perspectiva simbólica e espiritual do taoísmo.

"Não me dediquei senão a conservar, pura, a essência da sabedoria de Lao Tsé... ", declara o Autor, "o que ele nos ensina não são formas ou materializações, são essências. Minha obra está impregnada delas; não é uma tradução." De fato, o livro de Borel é uma adaptação dos ensinamentos do *Tao Te King* na forma de diálogos entre um buscador ocidental e um velho sábio chinês. A alegoria proposta por Borel não pretende transportar-nos à China de 2.500 anos atrás, e sim "traduzir" ao nosso tempo e lugar o pensamento de Lao Tsé, sempre com o cuidado de não se desviar de sua perspectiva tradicional.

Ora, o *Tao Te King*, por seu caráter extremamente conciso, foi-se desdobrando, ao longo da história do pensamento taoísta, em comentários e glosas. Na China, Li Tsé (séc. V a.C.) e Chuang Tsé (séc. IV a.C.) lançaram-se à difícil tarefa de explicar e desenvolver conceitos que no livro de Lao Tsé se enunciam de modo muito sintético. No Ocidente, porém, todos os esforços concentraram-se quase exclusivamente em traduzir o mais fielmente possível os textos taoístas, em particular o *Tao Te King*. Inspirado nos comentários de Chuang Tsé, o mérito do livro de Henri Borel é de ser o primeiro no Ocidente a adaptar e desenvolver o pensamento taoísta para abordar questões às quais o *Tao Te King* jamais se refere explicitamente.

Esta é a razão de René Guénon, talvez o mais rigoroso esoterista deste século, ter elogiado tão enfaticamente este pequeno livro: "Sob sua aparência simples e sem pretensões 'eruditas', este é um dos melhores textos escritos no Ocidente sobre o Taoísmo

(...) De seus dois últimos temas [a Arte e o Amor] Lao Tsé jamais falou, mas esta adaptação, apesar de ser talvez um pouco específica, não é menos legítima, pois todas as coisas decorrem essencialmente do Princípio universal".*

É interessante notar que a mesma razão pela qual Borel foi elogiado serviu de argumento às críticas dos sinólogos mais tradicionalistas da época, que o acusaram de negligenciar a singularidade cultural, histórica e idiomática do *Tao Te King* e "ocidentalizar" os ensinamentos do "Velho Mestre". Sem dúvida, todo rigor é necessário ao se estabelecer relações entre diferentes culturas e tradições, para não distorcer e degradar a todas. Porém, respeitar a singularidade de cada tradição particular não significa confiná-la a si mesma, de modo a recusar o diálogo entre as diversas formas tradicionais. Nesse sentido, o *Wu Wei* e o ensaio de Luis Carlos Lisboa, que lhe serve de introdução, revelam a fecundidade desse diálogo para a compreensão tanto da metafísica oriental como da mística cristã.

Na verdade, a polêmica que cerca a tradução e comentários do *Tao Te King* reflete a natureza paradoxal da doutrina taoísta. Assim, em meio a mais de uma centena de traduções diferentes do *Tao Te King*, algumas absolutamente equivocadas, e diante de apropriações indevidas do pensamento taoísta, muitos sinólogos têm questionado a seriedade de toda e qualquer tradução do *Tao Te King* ou adaptação ocidental do pensamento taoísta, como se apenas o texto original nos pudesse dar acesso à intelecção de seus ensinamentos. No entanto, o próprio Lao Tsé denuncia a dificuldade de ser compreendido por seus próprios concidadãos, sábios ou não: "Meus preceitos são fáceis de compreender e fáceis de seguir. Mas ninguém no mundo pode compreendê-los ou segui-los" (70), bem como a impossibilidade de se exprimir o Tao em seu próprio idioma: "Um nome que pode ser pronunciado não é o Nome eterno, o Tao" (1). Assim também, os mestres chineses de outras escolas não puderam perscrutar o saber de Lao Tsé: Confúcio, por exemplo, teria compreendido apenas parcialmente seus ensinamentos. Do mesmo modo, grande parte dos discípulos taoístas acabaram por incorrer em práticas condenadas pelos mestres de sua escola, conforme nos informa Chuang Tsé (cap. 19). Em outras palavras, ainda que tivéssemos acesso ao manuscrito chinês ou à mais perfeita tradução do *Tao Te King*, não seríamos poupados da dificuldade essencial de compreendê-lo e do desafio de viver segundo seus ensinamentos.

Agradeço à Margarita Lamelo Cacuro, cuja colaboração foi vital para este trabalho, a Rubens Matuck, pela pintura da capa, a Marcos Martinho dos Santos, tradutor do *Tao Te King*, por suas inumeráveis contribuições à presente edição, e a Luis Carlos Lisboa, que generosamente nos brindou com o ensaio que se segue a este prefácio.

*Publicado em *La Voile d'Isis*, 1932, p. 604-605. Republicado postumamente em *Aperçus sur l'ésoterisme islamique et le Taoïsme,* p.154-156.

O 'NÃO-AGIR' NUM MUNDO QUE SÓ CONHECE A AÇÃO

Luis Carlos Lisboa

No Ocidente como no Oriente, com o tempo tornou-se raro mas nunca desapareceu por completo o fenômeno da negação na teologia e no pensamento religioso. Entre os cristãos, ele voltou à vida por volta do ano 500 AD, quando alguém que inicialmente se pensou fosse o Dionísio que São Paulo converteu no Areópago, em Atenas, produziu elaborada obra teológica que só despertou a atenção da Europa bem mais tarde.* Nela se argumentava ser impraticável alguma coisa parecida com a *busca* de Deus, ou mesmo da Graça, com os

* Um escritor do séc. V de nome Dionísio, autor de obras como *Os nomes divinos*, foi confundido por teólogos posteriores com o Dionísio da era apostólica (cf. *Atos dos Apóstolos* 19,22-31). No séc. IX suas obras já estavam consagradas pela Igreja, apesar de alguns estudiosos questionarem sua autenticidade. Hoje, desfeito o equívoco, convencionou-se chamar o Autor Pseudo-Dionísio.

pobres e limitados recursos da mente que, afinal, foram criados para interagir num meio finito, incapaz de ser transcendido ou sequer conhecido por essa mente também finita.

Na obra *Nomes divinos* (I, 5), diz o Pseudo-Dionísio que "aqueles que, pela cessação de toda operação intelectual, entram em união íntima com a luz inefável... não falam de Deus senão pela negação". Esse Deus, que o discurso só apreende negando, era o mesmo de um famoso pregador medieval em Colônia, Mestre Eckhardt, que haveria de incorrer em heresia por seus sermões e tratados, nos quais afirmava que "Deus é nada", insistindo na teologia negativa como um modo de abordar "a principal entre as poucas coisas que não foram criadas pela mente", no mundo em que vivemos.

O final do século XVII europeu viu surgir um movimento semelhante, o *quietismo*, com o espanhol Miguel de Molinos, que perseguido em seu país encontrou asilo em Roma para a sua pregação, com o beneplácito de Inocêncio XI.

Na França, a doutrina segundo a qual os fiéis não deviam procurar na penitência ou nas Escrituras a vontade de Deus, mas "esvaziar-se" pela observação da própria vontade, teve seu momento de consagração num pequeno mas expressivo grupo de religiosos e teólogos em 1687, e no ano seguinte. Fénelon e Mme Guyon foram seus entusiasmados incentivadores, e Bossuet seu grande e intransigente adversário.

Mas o "abandono da vontade", a sabedoria do não-agir que a períodos constantes voltou a aparecer ao longo da História do homem, conheceu sua maior expressão no Oriente, de onde passou para a Europa através de imperceptíveis caminhos que nunca foram bem identificados. Essa *visita* da Transcendência, que não podia ser invocada senão pelo silêncio da alma, não dependia de exercícios espirituais para ocorrer mas da ausência de qualquer movimento interior, que no Cristianismo e no Islam tinham no "aniquilamento" e na *fana*, respectivamente, seus pontos de partida e suas metas de chegada.

D. T. Suzuki examinou a questão em *A Doutrina Zen da Não-Mente*: "Quando foram feitos todos os esforços para realizar alguma tarefa e quem os fez se encontra finalmente exausto e no final de suas forças, a vontade como que desiste. 'O momento crítico do homem é a oportunidade de Deus'. Este é o significado de 'cumprir a tarefa pela não-mente' ".

Na China, o *wu wei* ou não-ação foi comparado aos galhos esguios das árvores que cobertos de neve curvam-se até o chão. Em vez de se oporem ao peso que os oprime, cedem à pressão para não se partirem. Depositada junto à raiz, a neve liberta os galhos. Assim também, o homem que busca a Iluminação não deve resistir às dificuldades intelectuais e à imaginação. Em abono disso diz o Novo Testamento: "Não resistais ao mal, para que ele não se fortaleça". Essa tradição disseminada nas diferentes culturas encontra um parentesco moderno nas preocupações da teoria psicanalítica com o recalque e a repressão.

As diferenças teológicas que caracterizaram o "não-agir" europeu identificado com a designação de quietismo, ora acusado, ora saudado como contemplação adquirida ou como contemplação difusa, são desconhecidas do não-agir oriental, na sua longa e serena história. O *wu wei* taoísta invadiu o Budismo chinês e modelou-o de tal forma que visitantes indianos comparavam os budistas chineses da época a gatinhos recém-nascidos, por suas suavidade e quietude. Um mestre chinês, Ho-Chang, visitou o Tibete para falar do budismo Ch'an, que pregava a "mudança instantânea" pelo não-agir, a que se opunha o método gradual dos bodhisatwas indianos.

As diferenças levaram à convocação do Concílio de Lhasa, em que os "quietistas" chineses foram derrotados, em face da oposição dos ortodoxos budistas indianos, pressionados pelo hinduísmo tradicional que chegava a considerar perigoso para o equilíbrio do espírito o não-pensar. Apesar disso, o Ch'an estava muito próximo do *advaitam* do Vishnu Purana, ou "a perfeição pela não-dualidade". Sem a presença de um Deus pessoal — o "Deus vivo" do quietismo cristão, judaico e muçulmano — o *wu wei* não pôde ser filiado a qualquer símile no Ocidente, nem foi comparado a outras visões religiosas orientais.

Nesse esplêndido isolamento ele se conservou um desafio para o mundo, tendo mesmo ajudado a compor uma legenda exótica do pensamento do Oriente, tornada às vezes intencionalmente incompreensível. Sua extrema singeleza foi assim transformada em extraordinária complexidade que teólogos e filósofos ocidentais se recusam a compreender porque já a rotularam de inacessível. E esse notável emaranhado de visões religiosas facilita o trabalho da superstição e enseja infinitas interpretações, todas elas elaboradamente discursivas.

No segundo capítulo da obra atribuída a Chuang Tsé, seu autor recomenda o exame de todo antagonismo e de toda contradição aparentes. Lao Tsé já havia dito que aprender é somar alguma coisa em nosso espírito, pouco a pouco. Já a prática do Tao consiste em apenas subtrair (Cf. *Tao Te King*, seção 48). Na Índia, a escola da Advaita Vedanta, do filósofo Shankara, ensinava que só se pode conceber o Absoluto de maneira negativa: *Neti, neti, neti.* Traduzindo, "não é isto, não é isso, não é aquilo".

A parábola de Henri Borel quer recapturar a essência da sabedoria de Lao Tsé, e do modo extraordinário como liga o simples e o profundo consegue, sem esforço, essa síntese delicada que conduz, com um mínimo de palavras, ao *wu wei.* Dirigida ao leitor ocidental, essa narrativa opera o milagre de dizer quase não dizendo, de aludir não argumentando, de encaminhar não recomendando, deixando que o essencial perpasse a história, para que cada qual pegue dela o pedaço que lhe couber por direito de discernimento.

Enquanto as ilusões representadas nos símbolos, imagens e preocupações da teologia positiva ocupam o espírito humano, este prossegue no caminho do que pensa ser sua ascese, e que é na verdade um modo habilidoso (mas não sábio) de perder os anéis para salvar os dedos, o que mal disfarça a rede de causa e efeito à qual o homem comum está preso, o *samsara.*

O bem e o mal, o verdadeiro e o falso, o sagrado e o profano são como poeira nos olhos do espírito, enquanto o *wu wei* é nesse caso um precioso colírio. Um mestre Zen, interrogado por seus discípulos numa noite de inverno sobre como resistir ao frio, para espanto deles atirou à fogueira que se extinguia uma imagem em madeira do Buda, e com seu calor se aqueceu algumas horas. Às vezes, o que parece ação tem a essência vazia de um não-agir perfeito.

Luiz Carlos Lisboa

wu wei

a sabedoria do não-agir

O TAO

O templo de Shien Shan ficava em uma pequena ilha do mar da China, a algumas horas de navegação do porto de Ha To. A Ocidente, duas cadeias montanhosas pareciam convergir para a ilhota escondida no vão de suas linhas harmoniosamente confluentes. A leste, o oceano infinito. Bem ao alto, na encosta dos rochedos, o templo, sob a sombra das árvores de Buda.

Essa pequena ilha recebe raríssimos visitantes. Às vezes, os pescadores, ante a ameaça de um tufão, lançam ali suas âncoras em busca de refúgio, pois o porto mais próximo está ainda muito distante.

Ninguém saberia dizer por que o templo foi erguido em lugar assim tão ermo. Os séculos consagraram seu direito à existência. Às vezes, um estrangeiro chega até lá casualmente, e ali encontra uma centena de miseráveis que, por amor à tradição, continua a viver como no passado.

Ia eu a esse templo levado pela esperança de encontrar um homem cujo ensinamento ainda estivesse vivo. Após mais de um ano visitando mosteiros e santuários da região, não havia encontrado ainda um monge que pudesse realmente ensinar-me o que afinal não constava nos escritos superficiais da religião do Império Celeste. Em toda parte encontrara homens simplórios, ignorantes e limitados que se contentavam em prostrar-se diante de imagens cujo simbolismo lhes era incompreensível, gente que balbuciava estranhos sutras dos quais não entendiam uma só palavra.[1] Meu pouco conhecimento fora adquirido em livros mal traduzidos, deformados muito mais pelos eruditos europeus que pelos escritos chineses que consultara.

Um dia, ouvi um velho chinês murmurar algumas palavras sobre o "Sábio de Shien Shan", que, dizia-se, havia penetrado os segredos do Céu e da Terra.

Apesar de não dar crédito aos rumores, sem nenhuma expectativa, atravessei o mar para ir ao encontro daquele homem.

O templo era como tantos outros que já vira. Monges imundos sentados no chão em seus trapos cinzentos encardidos fitavam-me com olhos vazios e um riso tolo nos lábios. As imagens de Kwan Yin, de Saquiamuni, de San Pao Fo, recentemente repintadas, haviam perdido sua antiga beleza sob a camada brilhante de cores gritantes. O chão estava coberto por uma sujeira indescritível, cascas de laranja, pedaços de cana-de-açúcar... O ar fétido me sufocava.

Dirigi-me a um dos monges, dizendo: "Vim à procura do Velho Sábio, chamam-no Lao Tsé. Sabes onde posso encontrá-lo?"

Com ar de espanto, ele respondeu: "Lao Tsé vive lá no alto do rochedo, no pavilhão superior. Mas ele não gosta de bárbaros".

Senti-me desconcertado, mas insisti: "Se me levares até lá, eu te darei uma moeda".

Por um instante, a cobiça pareceu brilhar em seus olhos, mas ele resistiu e balançou a cabeça, dizendo: "Não, eu não ousaria. Vai sozinho".

Seus companheiros, sempre rindo muito, ofereceram-me uma xícara de chá, esperando talvez receber alguma gratificação.

Pus-me a caminho e, após meia hora de subida íngreme, cheguei a uma pequena construção quadrada, o abrigo do eremita. Parei à porta e logo ouvi que lá dentro alguém tirava o ferrolho. O sábio apareceu na soleira e mergulhou seu olhar no meu. Foi um momento de pura revelação. Era como se vislumbrasse uma luz brilhante, que longe de ofuscar irradiava paz. Ele permaneceu ali parado, esguio e alto como uma palmeira. Seu rosto era sereno como a noite de verão, quando o luar repousa na copa imóvel das árvores. Seu corpo inteiro era como a própria Natureza: imponente em sua simplicidade, espontâneo como a montanha ou as nuvens que passeiam no céu. Parecia envolto na santidade do crepúsculo, quando a alma do dia acena com seus últimos brilhos e desperta no coração algo como uma prece.

O que vi em seus olhos estava muito além do meu entendimento. Na lucidez daquele único olhar, pude ver claramente a inutilidade de minha existência. Incapaz de articular qualquer palavra, embriaguei-me no silêncio e na luz que dele emanava.

O sábio estendeu-me a mão num movimento semelhante ao da flor que se inclina em sua haste, e sua voz soou como o vento que perpassa a folhagem das árvores.

"Eu te saúdo, estrangeiro", disse-me. "O que procuras junto a um velho?"

"Busco um mestre", respondi com humildade. "Desejo conhecer a verdadeira Doutrina, aquela que me indicará o caminho da bondade. Há muito, muito tempo, tenho andado por este belo país à procura de alguém que me possa ensinar. Mas as pessoas que encontro parecem mortas, e sinto-me tão miserável quanto antes."

"Isso não é bom, nada bom", murmurou o sábio. "Não se deve desejar tanta bondade. Não busques muito, nem tão intensamente, pois assim jamais encontrarás a verdadeira sabedoria. Sabes como o Imperador Amarelo[2] recuperou sua pérola maravilhosa? Bem, vou contar-te como:

"O Imperador Amarelo, perambulando um dia pelo norte do Mar Vermelho, escalou o pico do monte Kun-Lun. Ao retornar rumo ao sul, perdeu a maravilhosa pérola que tanto estimava. Ordenou ao Saber que a reencontrasse, e nada obteve. Ordenou à Magia que a reencontrasse, mas foi em vão. Ordenou ao Poder Supremo que a reencontrasse, e o resultado foi o mesmo. Por fim, pediu ao Nada, e este a trouxe de volta. 'Que estranho!', exclamou o Imperador Amarelo. 'O Nada a reencontrou!'

"Entendes, meu jovem?"

"Creio que sim", respondi, "a pérola era sua alma. E não só isso: o conhecimento, a visão, a palavra tendem mais a obscurecer a alma que iluminá-la. Somente a absoluta ausência de ação permitiu ao imperador reencontrar a consciência de sua alma. O que te parece, mestre?"

"Muito bem! Percebes o sentido. Sabes quem é o autor dessa bela história?"

"Sou jovem e ignorante. Não sei."

"Ela nos foi contada por Chuang Tsé, discípulo de Lao Tsé, o maior sábio da China. Nem Confúcio nem Mêncio conseguiram expressar a Sabedoria de forma tão pura. Lao Tsé foi o maior entre todos, e Chuang Tsé seu apóstolo. Sei que os estrangeiros alimentam um tipo de admiração complacente por nossos sábios, em especial por Lao Tsé. No entanto, creio que são poucos os que sabem que ele foi o homem mais puro que existiu nesta terra. Já leste o *Tao Te King*? Refletiste sobre o significado do Tao?"

"Não creio que tenha alcançado tal conhecimento", respondi. "Por isso busco um mestre."

"Há muitos anos não tenho discípulos. Porém, creio que posso ajudar-te,[3] meu jovem. O que vejo em teus olhos não é a curiosidade banal, mas o desejo sincero de adquirir a sabedoria que libertará tua alma. Então, escuta com atenção.

"Em poucas palavras, poderia dizer que o Tao não é senão o que vós, estrangeiros, entendeis por Deus. Se minhas palavras te parecem obscuras, é porque não compreendes a verdadeira natureza do Tao, e tampouco do que chamas Deus. Observa que ambos podem ser designados pelos mesmos atributos. O Tao é Único, o Absoluto, o Princípio e o Fim. Ele compreende tudo e tudo a ele retorna. Lao Tsé, no começo de seu Livro, falou do caráter do Tao. No entanto, o que queria dizer com 'Superioridade Absoluta', 'Único', não pode ser nomeado, nem designado por um som, pois é Único e absolutamente superior. Neste sentido, tampouco vosso Deus pode ser chamado Deus. 'Deus', 'Tao', 'Consciência Suprema', 'Vida' são sons vazios ante o verdadeiro Ser, ou como queiras chamá-lo.

"Pega uma joia, retira-lhe a forma e o nome de joia, e ainda assim o que resta é ouro puro, a base de sua nobreza e de seu valor. Do mesmo modo, se te libertas dos nomes, formas e atributos, o que te resta é Nada, o vazio, que no entanto é pleno da potencialidade eterna. *Wu* — Nada — isso é o Tao. Consegues entender? Então, ouve.

"Existe uma Realidade Absoluta, sem começo ou fim, que não podemos conceber e que por isso é para nós o Nada. Por outro lado, aquilo que podemos conceber, o que para nós é relativamente real, na verdade não passa de aparência. É um produto da Realidade Absoluta, à qual tudo retorna após dela ter saído. No entanto, as coisas que para nós são reais não são reais em si. O que chamamos Ser, na verdade não *é*, mas o que chamamos Não-ser *é*. Vivemos em trevas profundas, meu amigo. O que imaginamos ser real não o é, embora proceda do Real, pois o Real é o Todo.

"Pois bem, o Ser, assim como o Não-ser, é na verdade o Tao. Não esqueças que *Tao* é somente um conjunto de sons proferidos por um homem. O verdadeiro Tao é indizível. Tudo que é percebido pelos sentidos, todos os desejos do coração são irreais. O Tao é o Princípio do Céu e da Terra. *Um gerou Dois, Dois gerou Três, Três gerou a Multiplicidade. A Multiplicidade retorna ao Um.*[4] Eis o Tao.

"Quando tiveres assimilado bem isso, meu jovem, terás atravessado as primeiras portas da Sabedoria. Compreenderás, então, que o Tao é a origem de tudo. As árvores, as flores, os pássaros provêm do Tao. O oceano, o deserto, os montes a ele devem sua existência. O dia, a noite, as estações, a vida e a morte nele têm origem. Tudo, enfim, e também a própria existência. Os universos perecem, os oceanos evaporam-se na eternidade. Um homem surge das trevas, sorri por um instante ao clarão da existência que o envolve, e logo desaparece. O Tao está presente em todas essas mudanças. Tua alma, em essência, é o Tao. Vês o mundo que se estende sob teus olhos?" Com um gesto largo, o sábio abraçou o mar e o horizonte.

De um extremo a outro, as montanhas desenhavam sua massa poderosa e definida contra o céu. Eram como fortes pensamentos esculpidos em plena consciência. À medida que ficavam mais distantes, sua substância esmaecia, perdendo-se em vagos horizontes de éter luminoso. No topo de uma delas, muito alto, um arvoredo agitava um ramo solitário, imprimindo o fino bordado de suas folhas na luz celeste. A noite caía como carícia envolvente, descendo suavemente do alto. Aqui e lá, espaços banhados por uma luminosidade rósea davam contornos mais claros às montanhas, agora coroadas por um halo sutil. De cada coisa o perfil se revelava: em tudo, uma calma ascensão convergia num feixe de linhas retas, imóveis, tal como a chama permanente de uma fé inabalável e serena. O mar lançava suas ondas em nossa direção, pareciam pairar sobre a areia. Era o infinito que avançava, pleno de uma certeza tranquila. Pude ver ainda a vela de uma pequena embarcação que, como uma pétala dourada, destemida, se aventurava no imenso oceano. Tudo era de uma pureza absoluta, inacessível ao mal.

"Mestre!", exclamei, tomado de estranho júblio. "Começo a compreender. O que busco *está* em toda parte. Sei agora que não era preciso procurar tão longe o que sempre esteve a meu alcance. O que busco está em toda parte, o que sou, minha alma... tudo é tão familiar quanto meu próprio ser. Tudo afinal é Revelação. O Tao está presente em *tudo*."

"O que dizes é verdadeiro, meu jovem. Entretanto, evita as confusões. O Tao está em tudo o que se vê, mas o que se vê não é o Tao. Não cometas o erro de crer que podes contemplar o Tao com os olhos do corpo. O Tao não fará a alegria nascer em teu coração, nem fará correr tuas lágrimas, pois todos os teus sentimentos e emoções são relativos e irreais. Não devemos deter-nos demais sobre isso, pois mal chegaste à primeira Porta. Percebes somente as primeiras luzes da alvorada. Alegra-te por teres descoberto em tudo o Tao. Com isso já terás mais simplicidade e confiança em tua vida. Crê em mim: envolto no Tao, estarás seguro, como uma criança nos braços da mãe. Cada vez mais consciente e austero, onde quer que estejas, hás de sentir-te santificado como um sacerdote no coração do templo. Assim, um dia, não mais temerás as atribulações, não temerás a vida ou a morte, pois saberás que uma e outra procedem do Tao. E verás, afinal, como tudo é simples, e como o Tao, sempre presente em vida, também após a passagem da morte, há de envolver-te por toda a eternidade.

"Admira a paisagem a teus pés. As árvores, os montes, o mar, são todos teus irmãos, assim como o ar e a luz. Observa as ondas que avançam de forma tão natural, movidas por uma lei cuja força invencível reconhecem. Olha esse arbusto, teu doce irmão, e vê o princípio que rege a trama sutil de sua folhagem.

"Agora ouve o que te vou dizer sobre *wu wei*, o 'não-agir', o 'entregar-se' àquele ritmo que nasce no Tao.[5] Os homens poderiam tornar-se verdadeiramente homens se, assim como as ondas do mar e as árvores que florescem, se entregassem à beleza e simplicidade do Tao. Em todo homem pulsa o movimento que procede do Tao e tende a levá-lo de volta a ele. Mas o homem se deixa cegar pelos sentidos e pelos desejos. É ele próprio que busca a volúpia, a alegria, o ódio, a fama e as riquezas. Seus movimentos buscam a violência e desencadeiam tempestades, seu ritmo é uma ascensão impetuosa, seguida de uma queda brusca e vertical. Desesperado, ele se apega a tudo o que é irreal. A natureza de seus desejos o conduz à multiplicidade, de tal modo que ele não consegue mais sequer conceber o Único. E quando deseja a sabedoria e a bondade, é uma catástrofe ainda pior. Não resta senão um remédio: voltar à Origem, ao Repouso, ao Tao.

"O Tao está em nós, mas só podemos alcançá-lo quando deixamos de querer, ainda que seja a bondade, ou a sabedoria. Que lástima, esses desejos desenfreados de conhecer o Tao! Esse triste esforço de buscar palavras para designá-lo, para invocá-lo! O verdadeiro sábio contempla a inefável Doutrina, que restará para sempre inexprimível. Quem seria capaz de expressar o Tao? *Aquele que sabe não fala; aquele que fala não sabe.*[6]

"Tampouco eu te direi o que é o Tao. Cabe a ti mesmo descobrir, livrando-te do desejo e da emoção, vivendo sem esforço, sem o que chamas de ação, libertando-te de tudo que se opõe à Natureza. Com um movimento tão calmo e constante quanto o do oceano à nossa frente, deixa-te levar em direção ao Tao. O mar não se move por ser esse seu desejo, nem por saber que é bom ou sábio assim fazê-lo. Ele se move porque assim deve ser, sem que precise saber disso. Assim também te deixarás levar em direção ao Tao, e quando lá chegares, nada saberás de tudo isso, pois então *serás* o próprio Tao."

O sábio se calou. Seu olhar cheio de ternura transparecia a paz de um céu sem nuvens.

"Mestre", eu disse, "teu ensinamento é maravilhoso, e parece tão simples quanto a Natureza. No entanto, deixar-se levar em direção ao Tao, sem interferir, não é tarefa simples para um homem."

"Não confundas as palavras", ele respondeu. "Quando Lao Tsé falou de *wu wei*, não-agir, não se referia à simples inação, ao contentamento preguiçoso dos olhos fechados, mas à inação dos movimentos terrestres, dos desejos, das aspirações àquilo que é desprovido de realidade, e não à ação das coisas reais. Na verdade, *wu wei* é uma das atividades mais enérgicas da alma, que precisa libertar-se da miséria da carne e da mente formal, assim como um pássaro cativo de uma gaiola. Ele se referia ao abandono à força interior, o ritmo que procede do Tao e que nos leva de volta a ele. Asseguro-te que esse movimento é tão natural quanto o da nuvem que paira sobre nós."

Alguns flocos dourados de nuvens muito altas dirigiam-se lentamente rumo ao mar. Cintilavam como o brilho puro de um amor sublimado, seguindo seu caminho com a indolência de um sonho.

"Dentro em pouco", disse o sábio, "as nuvens que vês estarão dissolvidas no infinito do céu, e então só restará o eterno azul. Como um sonho ante o despertar, assim tua alma será absorvida pelo Tao."

"Minha vida é marcada pela falta e pelo pecado", respondi. "Carrego o peso de desejos obscuros. E todos que conheço, meus pobres irmãos, são como eu. Ainda que fôssemos purificados como o ouro virgem, tornados leves e claros como essas nuvens, como poderíamos seguir enfim em direção ao Tao? O mal nos faz pesados e sempre tornamos a cair na lama de onde viemos."

"Não creias nisso, de forma alguma", disse o sábio com um sorriso de pura compaixão. "Nenhum homem poderia afetar o Tao, e em cada alma há um brilho intocado e inextinguível. E sobretudo não acredites que a maldade do homem seja tão forte e resistente. Tao, o Imortal, vive no coração de todos, no sábio e no assassino, no poeta e no pior dos depravados. Todos trazem dentro de si um tesouro indestrutível, e ninguém tem mais valor que seu irmão. Não se pode amar mais a um que a outro, nem abençoar um e amaldiçoar outro. Na essência, todos somos tão parecidos quanto grãos de areia na praia. Ninguém será, em toda a eternidade, excluído do Tao, pois todos o trazem dentro de si. Teus pecados são ilusórios como vagos nevoeiros. Teus atos não passam de miragem, e tuas palavras evaporam-se como o mais tênue dos sonhos. Na verdade, não são bons nem maus, são inexoravelmente conduzidos em direção ao Tao, como a gota d'água que sempre corre ao mar. É verdade que para uns a viagem é mais longa que para outros. Mas o que são os anos diante do Infinito?

"Pobre criança! Como pôde o pecado encher a tal ponto teu coração de temor? Chegaste mesmo a pensar que teus pecados poderiam ser mais fortes que a misericórdia que tudo permeia? Acreditas que os pecados dos homens fariam frente ao Tao? Tens buscado uma perfeição grande demais, e por muito tempo te deténs a contemplar a própria maldade. E por buscares tanto a bondade em ti e em teus semelhantes, a crueldade que vês te entristece além da conta.

"Tudo isso não passa de aparência. O Tao não é bom nem mau, é tão somente a única Realidade. O Tao *é*. Todas as coisas irreais têm vida ilusória, feita de contrastes e relatividade. Elas não vivem por si mesmas, são somente engano. Deixa de querer ser bom, e não penses que és mau. *Wu wei* — não-agindo — é assim que te deves deixar conduzir. Não ser bom nem mau, nem grande nem pequeno, nem alto nem baixo. Tu só serás realmente no dia em que — observa o sentido de minhas palavras — já não fores mais. Livra-te primeiro de todas as ilusões, desejos e aspirações, e então estarás no caminho, sem que precises sabê-lo, sem que precises ser conduzido por uma causa conhecida. Estarás seguindo para o Tao através de um ritmo suave, ou seja, por seu princípio vital puro, o único real. E seguirás assim, de forma tão clara e natural como as nuvens douradas que já se dissolveram no céu."

De repente, senti minha respiração fluir mais livremente, sem no entanto saber se o que sentia era alegria, como se horizontes cada vez mais vastos se abrissem em mim.

"Mestre", exclamei, "não sei definir o que sinto, mas é maravilhoso, é como se tuas palavras me conduzissem ao ritmo suave e harmonioso do Tao. O que agora experimento, está além do meu conhecimento e sabedoria."

"Então pára de buscar a sabedoria", disse o sábio. "Não procures o saber. Com o tempo, o verdadeiro conhecimento virá naturalmente. O saber adquirido através da ação não-natural nos afasta do Tao. Não queiras saber tudo sobre os homens e as coisas que estão a teu redor; sobretudo não tentes aprofundar suas relações e contrastes. Não busques tão avidamente a felicidade e não te deixes abater muito pela tristeza. Nenhum dos dois são reais, assim como a alegria e a dor tampouco o são. Se fosse possível representar o Tao a partir da alegria, do sofrimento, da felicidade ou de seus contrários, isso não seria mais o Tao. O Tao é *Um*, sem antítese. Chuang Tsé exprime isso da maneira mais simples: 'A Felicidade Suprema não é de forma alguma felicidade'.

"Se seguires o Tao, mesmo a dor deixará de existir para ti. Não penses nela como uma realidade, um princípio essencial do que existe, isto é, de tua vida. Também ela te abandonará um dia, dissipando-se como as brumas da manhã ante os primeiros raios de sol. Acabarás percebendo que tudo o que existe é inevitável e natural. As coisas que por tanto tempo te pareceram obscuras, tristes, importantes, serão um dia *wu wei*, perfeitamente simples, não-agentes, deixando portanto de parecer estranhas, artificiais, provocadas por um agente sem causa discernível. Tudo procede do Tao. Tudo é parte natural do Grande Sistema que procede do Princípio Único.

"Assim, nada mais te alegrará ou entristecerá, pois não te reconhecerás mais no riso ou nas lágrimas. Teu olhar poderá encher-se de dúvida, poderás sentir que perdeste algo, e por isso talvez sejas tentado a culpar a ti mesmo, e a mim também, por te teres tornado duro e frio, inumano. Mas quando tiveres percorrido uma parte do caminho, compreenderás que tal estado é perfeitamente seguro e desejável quando se segue o Tao. De fato, ao encontrar a dor, saberás que ela deve desaparecer, pois é irreal. Quando conheceres a alegria, compreenderás o quanto é primitiva, pois está ligada aos limites do tempo e das circunstâncias, e condicionada sempre por seu contrário, a dor. Se encontrares um ser amável, irás aceitá-lo como natural e pressentirás a perfeição alcançada, quando todas as coisas não serão nem amáveis nem boas. Ver um assassino não te perturbará mais, ele não despertará mais em ti um amor humano excessivo, nem ódio, pois saberás que, no Tao, ele é semelhante a ti, e que pecado algum pode destruir o Tao em seu interior, em sua essência.

"Quando souberes ser *wu wei*, não-agente, no sentido comum e humano do termo, tu *serás* verdadeiramente, e realizarás teu ciclo vital com a mesma ausência de esforço das ondas que avançam e recuam na praia e molham nossos pés. Nada mais perturbará tua quietude. Teu sono não terá devaneios, e aquilo que entrar no campo de tua consciência não te trará inquietação alguma.[7] Verás tudo no Tao, serás *um* com tudo o que existe, e toda a Natureza estará próxima de ti como teu próprio ser. Aceitarás sem emoção as passagens da noite ao dia, da vida à morte. Conduzido pelo ritmo eterno, entrarás no Tao, onde nada jamais muda, e a ele retornarás tão puro quanto no momento em que dele saíste."

"O que dizes, mestre, é simples a ponto de eliminar a dúvida. No entanto, ainda prezo tanto a vida! E a morte me assusta: a minha, a de meus amigos, de minha esposa, de meu filho. Como não temer algo tão frio, tão sombrio? A vida é clara, alegre, e, sob este sol, a terra em seu esplendor verdejante..."

"Ainda não percebeste o quanto a morte, assim como a vida, é natural? Tu te apegas com força à carne, insignificante, enraizada na terra fria. Tu te sentes como o prisioneiro que, ao recuperar a liberdade, se entristece ante a ideia de deixar a cela habitada por tanto tempo. Tu te acostumaste a ver a morte como a antítese da vida; no entanto, ao contemplares o Tao, verás que ambas são irreais, mera aparência. Vida e morte são apenas passagens: tua alma[8] simplesmente deixa o recipiente de um pequeno lago conhecido, para flutuar em direção ao verdadeiro oceano. A realidade em ti, tua alma, é imperecível e desconhece o medo. Abandona o temor. Na verdade, com o passar dos anos, quando tiveres vivido no ritmo do Tao, a angústia desaparecerá sem que percebas. Não chorarás mais pelos que partiram, aos quais te reunirás com naturalidade, pois todo contraste terá desaparecido.

"Ouve a história que te vou contar. Pouco depois da morte da esposa de Chuang Tsé, o viúvo foi visto por Hui Tsé sentado no chão, como às vezes costumava fazer, batendo numa taça, comprazendo-se com os sons. Diante da desaprovação de Hui Tsé, que quase o acusava de falta de amor, Chuang Tsé respondeu: 'Quando ela deu seu último suspiro, senti uma grande tristeza. No entanto, meditando, percebi que de fato ela jamais vivera, pois nunca havia nascido, e também não tinha forma alguma. Melhor ainda, percebi claramente como algo sem forma havia ganho existência: no início, não continha princípio vital algum, e então, como na vegetação que germina, o princípio de vida apareceu. Esse princípio tornou-se forma, e esta permitiu o nascimento. Hoje, uma nova transformação ocorreu, e ela está morta. Não é assim a marcha das estações? Primavera, verão, outono, inverno... Ela dorme em paz na Grande Casa.[9] Se agora meus olhos estivessem cheios de lágrimas, eu não estaria vendo nada disso. Foi assim que sequei meu pranto'."

A serenidade no tom de sua voz revelava como essas coisas lhe eram naturais. Porém, a mesma luz ainda não se refletia em mim.

"Essa sabedoria me apavora", queixei-me com amargura. "Se é só a esse ponto que se deve chegar, a vida não passa de um gélido vazio."

"De fato", respondeu o sábio, inabalável, transparecendo a mais pura paz. "A vida é assim mesmo, fria e vazia. E os homens decepcionam tanto quanto a vida. Ninguém se conhece, nem a seu próximo, embora sejam todos iguais. A vida não existe, não tem realidade alguma."

Como nada tinha a dizer, fiquei observando a paisagem do entardecer. Imersas em tranquilidade, as montanhas dormiam envoltas na bruma, cercadas de delicada luz azulada, como dóceis crianças deitadas sob a imensidão do céu. Abaixo delas, algumas luzes vermelhas tremeluziam, hesitantes como os últimos movimentos do dia. Um canto triste e monótono chegava até nós, acompanhado pela melodia ondulante de uma flauta. O mar mergulhava cada vez mais na imensurável profundeza da noite, e pareceu-me ouvir o sussurro do Infinito chegar dos espaços mais distantes.

Foi então que uma dor imensa encheu meus olhos, e eu disse, insistindo apaixonadamente: "Mas e o amor, e a amizade?"

O sábio voltou-se para mim, e embora não pudesse distinguir seus traços claramente, vi uma estranha ternura brilhar em seus olhos. Com voz suave, ele continuou: "É o que a vida tem de melhor, e isso te acompanhará até que os primeiros movimentos do Tao se façam em ti. Um dia, no entanto, não mais os reconhecerás, assim como o rio não reconhece suas margens quando se une ao oceano. Não estou dizendo que deves eliminar o amor de teu coração, pois isso seria opor-se ao Tao. Ama!, e não caias no erro de ver no amor um obstáculo para tua libertação. Expulsar o amor de teu coração seria agir segundo a loucura do mundo, o que não te aproximaria do

Tao, ao contrário. Quero dizer-te apenas isto: primeiro, que o amor acabará por dissipar-se sem que o percebas, até que não tenhas mais consciência dele; em seguida, que o Tao não é amor. Considera que te falo das coisas à medida que se tornam acessíveis e úteis para ti. Se só te falasse da vida e dos homens, diria apenas que de todos os bens o amor é o maior. Mas para aquele que está mergulhando no Tao, digo que o amor faz parte do passado e que está destinado ao esquecimento.

"Meu filho, é tarde, e temo estar sobrecarregando teu espírito. Se desejas dormir no templo, vem comigo. Vamos descer."

Após ter acendido uma lamparina, o sábio tomou-me pela mão. Caminhávamos com prudência, e meu venerável guia tratava-me com cuidado paterno. Atento a cada um de meus movimentos, iluminava meus passos, sempre me amparando nas passagens perigosas. Chegando ao santuário, ele me encaminhou ao cômodo destinado aos mandarins,[10] e trouxe-me um cobertor e um travesseiro.

"Ó venerável mestre", disse-lhe, "como poderei expressar minha gratidão e retribuir tua generosidade?"

Na paz do seu olhar, pude ver o infinito do oceano e a doce calma da noite. O sábio sorriu, e para mim foi como se a luz da aurora descesse sobre a terra.

NOTAS

(1) De fato, a maior parte dos monges chineses recita, sem compreender, sutras traduzidos foneticamente em chinês, conforme o valor aproximativo dos sons sânscritos.

(2) O trecho entre aspas é traduzido do *Nan Hwa King*, cap. X.

O Imperador Amarelo, soberano legendário que teria reinado cerca do ano 2697 a. C.

(3) O que segue até: "E o que é múltiplo retorna ao Único" não é uma tradução, mas um comentário do primeiro capítulo do *Tao Te King*. É absolutamente impossível traduzir os caracteres milagrosamente simples de Lao Tsé em breves frases equivalentes. H. Gilles, um dos mais célebres sinólogos, e até certo ponto um dos mais capazes, contenta-se em traduzir a primeira frase desse capítulo, e declara que o resto não vale a pena (Cf. *The Remains of Lao Tzü*, by H. A. Gilles, Hong Kong, China Mail Office, 1886). O mesmo estudioso traduz "Tao" por "The Way" — Caminho, Estrada. Ele não concebe que aquilo que Lao Tsé

entendia por "A Coisa Suprema, o Infinito", possa de algum modo ser um "Caminho". De fato, mesmo no sentido figurado, um caminho conduz a um objetivo qualquer, não podendo, portanto, ser considerado *absoluto, supremo.* Outro sinólogo, mais célebre ainda, o Dr. Legge, traduz "Tao" por "Course" (Via). E, ao traduzir a frase lúcida "Se o Tao pudesse ser dito (expresso), não seria o Tao eterno", o que resulta é "The Course that can be trodden is not the enduring and unchanging course" (A Via que pode ser traçada não é a via que permanece e nunca muda). Resumindo, o ideograma "Tao" contém vários sentidos. Na obra de Confúcio intitulada "Chung Yung", "Tao" significa simplesmente "Caminho", mas em centenas de outros casos pode ser interpretado como "dizer".

O fato de Lao Tsé dar a esse ideograma dois sentidos diferentes em uma única frase confunde quase todos os tradutores. A frase citada acima não poderia ser mais explícita. Em duas edições chinesas, os comentaristas explicam-no como "dizer", e em uma terceira edição, há algo que é ainda mais claro: "expressar com a boca". Entre todos os sinólogos, Wells Williams é o único cuja tradução parece correta: "The Tao which can be expressed is not the eternal Tao" (O Tao que pode ser expresso não é o Tao eterno).

Meu trabalho já havia sido publicado no *Gids*, quando tomei conhecimento do belo trabalho do Pe. De Groot, *Festas anuais e costumes chineses de Emoui*. Concluí a partir desse trabalho que a opinião desse sábio concorre no mesmo sentido da minha quanto à impossibilidade de traduzir "Tao". Trata-se, de fato, de um princípio "cujo nome o tradutor confessa desconhecer, e que apenas designa pelo nome *Tao*".

De Groot acrescenta: "Se traduzimos esse vocábulo por 'alma universal da Natureza', 'força natural do Universo', ou ainda simplesmente 'Natureza', parece que não nos afastamos muito da intenção do sábio". Embora, para mim, o Tao contenha algo acima disso, a concepção de De Groot, entre as que conheço, é a que mais se aproxima da minha.

René Guénon também dá sua contribuição à essa questão: "Mas talvez não haja tantos inconvenientes em traduzi-lo [o Tao] por 'Caminho', que é o seu sentido literal, sob condição de deixar bem claro que se trata de uma designação simbólica, e que aliás não poderia ser diferente de qualquer outro termo, visto que se fala daquilo que na realidade não pode ser nomeado" (cf. Bruno Hapel, no fac símile da edição de 1931).

(4) *Tao Te King*, cap. 42

(5) Intraduzível, o termo *wu wei* foi interpretado, sem nenhuma boa razão, pelos sinólogos como equivalente a "inação", ou simplesmente "inércia". Ora, devemos entender exatamente o contrário, visto que se trata da "inatividade das paixões e dos desejos contrários à natureza", isto é, da "atividade no movimento natural que procede do Tao". Lemos no *Nan Hwa King* que: "O Céu e a terra nada fazem (no sentido pejorativo) e (apesar disso) nada há que não façam". Toda a natureza nasce do *wu wei*, ou seja, da ação natural que procede do Tao. Os sinólogos que traduziram sem comentário *wu wei* por "inação" deram a entender exatamente ao contrário do que queria expressar o texto chinês.

Seria inútil buscar em Lao Tsé uma interpretação. Limito-me a expor minha própria concepção de suas ideias. O primeiro capítulo ocupa uma única página do livro, compreendendo somente 59 caracteres. O fato de conter em tão poucas palavras noções tão importantes constitui um exemplo surpreendente da sobriedade extraordinariamente sutil de Lao Tsé.

(6) Frase traduzida do capítulo 56 do *Tao Te King* e que reencontramos no capítulo XIII do *Nan Hwa King*.

(7) O capítulo VI do *Nan Hwa King* contém essencialmente o seguinte: "Na antiguidade, aqueles que eram homens de verdade dormiam sem sonhos, e a volta à vigília não os perturbava".

(8) Alma, aqui, deve ser compreendida no sentido de: Eu superior.

(9) Esse episódio é traduzido do *Nan Hwa King*, capítulo XVIII. Evidentemente, a "Grande Casa" designa para Chuang Tsé o Infinito. Esse vocábulo cria um ambiente de intimidade, dando a entender que sua esposa estaria segura, em todos os lugares, como numa casa. Ao usar a palavra "Eternidade", que aliás não está no texto chinês, H. Gilles destrói

esse caráter que dá tanta força à frase de Chuang Tsé (Cf. *Chuang Tsé*, de H. Gilles, Londres, Bernard Quaritch, 1889). O texto original contém literalmente as seguintes palavras: "Ku Shih": a grande casa.

(10) Quase todos os templos tinham um quarto à disposição dos mandarins em viagem. Os visitantes ocidentais obtêm, em geral, permissão para passar a noite nesse lugar, e até mesmo para ali se hospedarem por algum tempo.

A ARTE

No dia seguinte, o sábio veio a mim e convidou-me para um passeio. Subimos uma grande montanha próxima ao monastério e nos sentamos no topo do rochedo mais alto, à sombra de uma pequena caverna. Abaixo de nós, o mar, extensão infinita, cintilava ao sol. Véus dourados deslizavam na superfície, onde as asas brancas das gaivotas desenhavam curvas graciosas. Nuvens puras como a neve navegavam no azul do céu.

Enquanto contemplava a beleza daquela paisagem, um pensamento chegou espontaneamente a meus lábios: "Mestre, o que é a poesia?"

"O que é a poesia?", repetiu o sábio. "É algo tão simples e natural quanto o mar, as nuvens e os pássaros. Isso talvez te seja mais fácil de entender que o Tao. Aliás, basta deixar que teu olhar caminhe sem destino pela terra e pelo céu. Há poesia neles desde que existem.[11]

"A beleza suprema nasceu quando o céu e a terra passaram à existência. O sol e a lua, as nuvens e as brumas avermelhadas que acompanham o nascimento e a morte do dia, tudo reflete sua luz. Inesgotáveis metamorfoses produzem o espetáculo grandioso que admiramos sob a abóbada celeste, e no entanto seu esplendor não se deve à cor que o tinge, mas a seu movimento. O retumbar do trovão, o rugido dos ventos, tão impressionantes em sua força e poderio, tampouco existiriam sem o movimento que os produz. Tudo no Universo engendra o Som, que é engendrado pelo Movimento. No entanto, tudo procede do Repouso, do Tao.

"Ouve a torrente que percorre seu caminho entre os rochedos. Seu som agudo ou grave, breve ou longo, ainda que não corresponda exatamente às leis da música, forma sua cadência e seu ritmo espontaneamente. É o som natural do céu e da terra que, nascido de si mesmo, procede do Movimento.

"Pois bem, ao receber qualquer impulso, o coração humano, esvaziado ao limite e pleno de espírito, engendra o Som. Não te parece estranho que toda a literatura, maravilhosa em sua diversidade, possa encontrar aí sua origem?

"Enfim, a poesia é o Som do coração. Essa noção é tão simples que logo a compreendemos. Onde quer que estejas, a poesia é visível e audível, pois toda a Natureza é um único e grande Poeta. E é da própria simplicidade que provém seu caráter permanentemente austero. Da origem do movimento jorra o som do verso. Qualquer outro som não é poesia. É preciso que o som nasça de si — *wu wei* —, pois não poderia surgir através de artifícios. Muitos produzem-no pelo agir não-natural. Não são poetas, agem como macacos ou papagaios. São raros, raríssimos, os verdadeiros poetas, de cujos corações brota o verso, harmonia espontânea, como a poderosa torrente nos rochedos, as explosões na tempestade, a suave chuva primaveril, a brisa cálida que anuncia a noite no verão.

"Escuta o mar a nossos pés, como é esplêndido o seu canto! Não é um grande poema, pura sinfonia? Observa as ondas em seu movimento ininterrupto: seguem-se, perseguem--se, ultrapassam-se umas às outras. Surgem e logo deixam de existir, dissolvendo-se em infinita harmonia. O poeta deve ser simples e grande como o mar, mover-se de acordo com o ritmo espontâneo que procede do Tao, ao qual deve abandonar-se com a docilidade de um recém-nascido, sem um querer pessoal, sem agir. Grande é o mar, grande é o poeta. Mas infinitamente maior é o Tao, que não tem dimensões."

O sábio calou-se, imerso no som do mar. Eu permanecia absorto em meus pensamentos. Temia que sua filosofia, tão vasta e elevada, me fosse mortal, e que, se me abandonasse à sua sabedoria, perderia a espontaneidade das emoções e a prazerosa admiração ante as manifestações da beleza.

Parecia que o sábio jamais vira o mar, tamanho o seu êxtase. Atento, os olhos brilhantes, ele continuava a ouvir a harmonia das ondas.

"O Som provém do Tao, e a Luz emana do Tao. No entanto, ele é Silêncio e Obscuridade. E o verso, sonora música de palavras, também nasce do Tao, que no entanto é mudo. Não é extraordinário? Vivemos este grande e infindável mistério que um dia se revelará verdade simples e absoluta."

Fiquei em silêncio por muito tempo, incapaz de conceber tudo claramente. Eram coisas tão simples, mas me pareciam simples demais, abstratas, inverossímeis.

"Cantar, ser poeta, pode ser tão simples quanto dizes?", perguntei. "Parece-me absurdo que o canto do homem possa ser tão natural e espontâneo como a torrente sobre o leito de pedras! Creio que ao menos a forma poética é algo que devemos aprender, praticar e aprimorar. Para mim, isso se chama ação, e não ritmo natural e espontâneo."

"Não te confundas com tais questões", respondeu o sábio, impassível. "Procura responder uma única pergunta: possui o homem a verdadeira fonte de onde nasce o verso? Tem ele em si o ritmo puro e simples do Tao? Sua vida funda-se de fato nesse princípio de beleza e simplicidade? Se ele reúne essas condições, então já é poeta, do contrário não. Podes compreender, não é? De um ponto mais elevado, todos os homens são poetas, pois, repito, todos possuem interiormente o ritmo que os faz sair do Tao e os conduz de volta a ele. De que outra forma poderia o homem reconhecer os princípios que transcendem seu conhecimento e sua experiência ordinária? É verdade que são poucos aqueles que têm esse ritmo desenvolvido e acentuado a ponto de poderem ver e revelar as manifestações da beleza, que são como as margens de um rio que reconduzem nossa alma ao Infinito. Pode-se comparar o homem comum à água estagnada em lugar pantanoso, onde a vegetação é pobre e ruim. Já os poetas são rios prateados que, entre margens opulentas, levam suas águas ao mar aberto. Mas deixemos de metáforas.

"Quando um poeta é realmente digno desse nome e possui a verdadeira inspiração, é impelido, antes de tudo, a praticar sua arte. Nessa condição, ele se move tão espontaneamente quanto a Natureza. Um jovem poeta, após ter estudado algum tempo as diferentes formas do verso, passa a vê-las como naturais, a ponto de não conseguir sequer perceber outras. Naturalmente, seus versos acabarão por conformar-se às formas e ritmos que lhe são familiares. É isso que diferencia o amador do verdadeiro poeta. O amador, segundo um plano previamente determinado, começa a traçar um pequeno caminho pelo qual se esforçará em lançar um amontoado de palavras sem alma. Já o poeta observa seus versos após tê-los exteriorizado e descobre que são harmoniosos em todos os seus movimentos, sonoridades e ritmos. As frases que ganham vida através do poeta avançam sem esforço, pelo simples fato de terem vida. Tais palavras são espontâneas e verdadeiras, por isso são belas. Verdade, beleza e poesia não têm uma forma definida, por isso podem assumir tantas formas. O poema jorra livremente de sua fonte, move-se através de sua própria força e não obedece às prescrições de uma lei humana preestabelecida. A única lei é a inexistência de leis.

"Meu jovem, talvez minhas palavras te pareçam ingênuas, ou até mesmo cheias de astúcia; mas minha demonstração tem como ponto de partida o Tao, e não a humanidade. A verdade é que conheço pouquíssimos poetas de verdade. O que menos se vê é um homem que tenha a pureza natural. Conheces muitos homens assim em teu país?"

A pergunta inesperada deixou-me perplexo, não conseguia entender a intenção do sábio. Embaraçado, procurei esquivar-me.

"Venerável Mestre", disse-lhe então, "não te poderia responder antes de aprender mais. Por que o poeta cria o poema?"

Parecendo confuso, ele repetiu minha pergunta, como se não a compreendesse: "Por que o poeta cria o poema?" Um riso luminoso acompanhou suas palavras. "Por que o mar murmura? Por que o pássaro canta? Sabes dizê-lo?"

"Porque não sabem fazer de outra forma, porque são naturalmente compelidos a isso. É *wu wei*", respondi.

"Ótimo! E por que isso não ocorreria também ao poeta?"

Refleti, mas não tinha ainda uma resposta.

"Pelo que sei, poderia ser de outra forma", continuei. "O poeta pode cantar por outras razões, para educar, comunicar-se com as pessoas, com outros poetas... Isso me parece correto, embora para alguns seja um motivo impuro. E há ainda aqueles que cantam para conquistar fama, prestígio, para serem coroados de glória, para verem o sorriso das mulheres..."

"Procura expressar-te mais claramente", disse o sábio. "Não mudes o sentido de palavras sagradas entre nós. Os poetas que cantam assim não cantam, e não são poetas. O poeta canta porque canta. Se sua voz tem um propósito definido, não passa de um diletante."

"Mas, mestre, se o poeta é espontâneo em seu cantar, que mal haveria em desfrutar dos louros que lhe oferecem? Por que, em sua glória, repudiaria aquele que lhe concede os prêmios, e a si mesmo por recebê-los, se se acredita digno deles? Deve o poeta renegar sua alma e considerar feio o que é belo, por desprezar os frutos vis da beleza, tais como as glórias, a fama? Ou o contrário, considerar belo o que é feio, porque dele vêm os louros que o coroam? Tem o poeta direito de acreditar-se superior ao vulgo, de ostentar uma auréola sem brilho e diferenciar-se voluntariamente dos outros com estranhos ornamentos? Acaso deve honrar o medíocre que o louva, ou abominá-lo quando, ao invés de louvá-lo, o ridiculariza? Como posso esclarecer essas coisas? Elas persistem e parecem ser importantes, mas nada têm que ver com a simplicidade do pássaro e a vastidão do oceano."

"Todas essas questões, meu jovem, são respostas à minha pergunta", disse o sábio, "pois o fato de enunciá-las mostra bem que não encontraste muitos poetas em teu país. Considera que uso o termo poeta na acepção mais elevada. O poeta vive para sua arte, e a ama como arte, não como meio de obter alguns vagos prazeres mundanos. Ele vê os homens e as coisas em sua mais simples essência, de tal modo que atinge, por assim dizer, o Tao. O homem comum tem somente uma visão confusa daquilo que está a seu redor, tudo lhe está oculto por espessa neblina. O poeta não se engana. Nessas condições, como poderia esperar que sua simplicidade fosse compreendida por uma multidão de cegos? Como poderia sentir ódio ou tristeza se é ridicularizado por surdos? Ou alegrar-se com as coroas com que estes o presenteiam? Esse é um aspecto diferente das 'quatro estações' de Chuang Tsé, e nada assustador, visto que é o curso natural das coisas.

"O desprezo da multidão não aflige o poeta, da mesma forma que a aprovação não contribui para a sua felicidade. Para ele, isso é o desenrolar natural dos efeitos cujas causas bem conhece. Não poderíamos nem mesmo dizer que o julgamento das massas o deixa indiferente: é apenas inexistente para ele. O poeta não cria suas obras para as pessoas, mas porque nascem espontaneamente. O rumor dos homens a propósito de suas obras não chega a seus ouvidos. Ele simplesmente o ignora, ou o abandona ao esquecimento. 'A suprema celebridade consiste em não ter celebridade alguma.'[12]

"Tu me olhas, rapaz, como se te contasse coisas incríveis que não terias ousado conceber sequer em sonho. Mas o que te digo é verdade simples e natural, como a que está no coração de uma paisagem ou do mar. Nunca viste a verdadeira simplicidade, pois mal deixaste a agitação dos homens de teu país.

Mérito, glória, honra, artistas, imortalidade — essas palavras ressoaram o bastante em teus ouvidos para que acreditasses que eram tão indispensáveis quanto o ar que respiras e tão reais quanto tua própria alma.

"Tudo isso é só engano e ilusão. Muitos daqueles que conheceste, talvez no início tenham sido poetas. No entanto, afastaram-se do ritmo cujo princípio é o Tao. Não souberam permanecer como originalmente eram; sua fraqueza os fez descer abaixo do nível do homem comum, agem como eles e com mais paixão ainda. Para mim, é isso que se percebe em tuas palavras. Pois bem, deixaram de ser poetas e seus cantos não serão verdadeira poesia enquanto persistirem no engano.

"O menor desvio do ritmo original é suficiente para matar o poema. Há somente um caminho, simples e intocado, mas implacável como uma linha reta. Essa linha reta é a espontaneidade, o não-agir. À direita, à esquerda, é o não-natural, a atividade enganadora e ilusória; são as vias que conduzem à glória e às honras ensanguentadas da deslealdade, do crime e do assassinato. Não é raro encontrar o ambicioso que, sem remorso, trairia seu melhor amigo se isso lhe garantisse o sucesso. A linha reta, sem curvas secretas que a façam desviar, traça seu caminho rumo ao Infinito.

"Um dia compreenderás que as contingências que fazem do poeta presa fácil da trivialidade deixam naturalmente de existir. Na história de teu país, assim como na do meu, há alguns poetas, desconhecidos em sua própria época, que morreram ou apenas recusaram-se a viver, simplesmente porque sucumbiram à dor de terem sido desprezados e esquecidos. Essas coisas sempre me pareceram muito tristes. No entanto, sempre soube que muitos deles não eram de fato verdadeiros poetas.

"Os princípios de que falo norteiam não somente os artistas da palavra, mas todos os que se entregaram à arte. Vem comigo e te mostrarei a obra de um verdadeiro artista, que para mim representa o homem essencialmente simples e puro."

O sábio guiou-me à sua casa. Entramos num quarto minúsculo de paredes brancas onde os únicos móveis eram uma cama, uma mesa abarrotada de livros e um par de cadeiras. Ele saiu por uma porta e logo retornou com uma caixa de madeira, que carregava com muito zelo, como se fosse um objeto sagrado, ou um recém-nascido. Colocou-a cuidadosamente no chão, abriu-a e retirou um grande oratório em madeira escura avermelhada, que depositou sobre a mesa.[13]

"Para começar", disse o sábio, "este é um belo oratório. Um belo objeto requer um abrigo digno de sua beleza. As portinholas estão fechadas. O que te parece? Não é bom poder dissimular a beleza a olhos profanos desse modo? Mas quero desvendá-la aos teus."

Destacando-se de um fundo de seda azul-pálido, surgiu uma estatueta; brilhava de tal forma que parecia milagrosamente envolta num halo luminoso. Era a estátua búdica de Kwan Yin, sentada no centro de um lótus desabrochado que parecia levitar sobre o mar agitado.

"Esta é Kwan Yin, a deusa da misericórdia", explicou o sábio. "É a divindade que ampara os doentes e consola os guerreiros cansados do combate. Conta-se que se um navio estiver à deriva com cem homens a bordo, e um só chamar por seu nome, todos serão salvos. Diz a tradição que era apenas uma menina quando alcançou a imortalidade através do auto-sacrifício, do amor constante e do perdão.

"Agora admira a imagem criada pelo artista, como é simples e bela. Observa a serenidade desse rosto, como é delicado e ao mesmo tempo sóbrio, sua gravidade austera, com o olhar mergulhado no Infinito. Não é a perfeita imagem do Repouso? Vê a curva suave da face, dos lábios, e cortando o arco majestoso das sobrancelhas, a pérola inefável incrustada na fronte, símbolo da alma, essência pronta para deixar o corpo.[14]

"Percebes as poucas linhas que compõem essa imagem? Observa o braço direito que se inclina numa bênção de infinita compaixão; a santidade expressa no gesto do braço esquerdo levantado e nos dois dedos que se unem em testemunho à Presença; as pernas cruzadas, delicadamente apoiadas sobre as pétalas do lótus. E ainda esse detalhe, a simplicidade dos pés com suas linhas sinuosas. Não é a essência do budismo expressa numa única imagem? Não é necessário tê-la estudado para senti-la desde o primeiro instante. Esse rosto tão puro, voltado para a Eternidade, não é o Repouso Supremo? O braço que se inclina em bênção não é a plena expressão do amor pelo Universo? A essência de toda a Doutrina não está presente nesses dois dedos juntos no gesto momentâneo do testemunho?

"Agora repara no material que serve de suporte à imagem. Conheces as dificuldades do artista que, durante anos, busca os meios para purificar e eterizar a matéria? A pedra é dura, como sabes. E a noção de matéria torna singularmente pesada a expressão plástica da ideia imaterial do Repouso. O artista trabalhou com vários materiais de pouco valor — areia, argila. Em seguida os transformou, misturando-os em proporções harmoniosas às pedras finas, às pérolas e ao jaspe, até obter uma substância preciosa. É assim que essa imagem acabou tornando-se matéria que não é mais matéria, mas antes a encarnação de uma ideia.

"O artista quis também simbolizar a aurora que se ergueu sobre a humanidade quando o Buda se manifestou. E, no branco brilhante, na pureza de sua porcelana, ele soube deixar transparecer o rosado sutil que vibra nos céus matinais antes de surgir a glória do Sol. Essa percepção da luz não é infinitamente mais delicada e sutil que a própria luz? Vê essa luz quase imperceptível que penetra sob o branco. Não é tão casta quanto o primeiro rubor que se manifesta na face de uma virgem? Na verdade, uma imagem desse tipo deixa de ser imagem, pois é desprovida de toda materialidade. É um milagre!"

A emoção me havia dominado de tal forma que emudeci. Além da pura sabedoria daquele homem, a beleza daquela imagem iluminava minha alma.

Finalmente as palavras brotaram de minha boca: "Quem, mestre, criou essa maravilha? Devo saber seu nome para que possa honrá-lo."

"Isso não tem importância alguma, meu filho", respondeu o sábio. "A alma aprisionada no corpo desse artista há muito deixou-se absorver no Tao, que um dia absorverá também a tua. Sua forma terrestre se dissolveu, assim como as folhas e as flores na terra, e também tua alma terá, um dia, o mesmo destino. Então, para que o nome? No entanto, posso dizer-te que se chamava Chen Wei;[15] seu nome está gravado atrás da estátua com caracteres admiravelmente estilizados. Quem foi ele? Um artesão bem comum, que certamente nem sabia que era um artista, nunca se imaginou acima de qualquer trabalhador, e talvez não tivesse ideia da beleza da própria obra. Provavelmente ficava muito tempo contemplando os céus, gostava do mar, das paisagens e das flores. De outro modo, não teria atingido tal sutileza e sensibilidade.

"Esse homem jamais conheceu a celebridade, e seria inútil buscar seu nome nos livros de história. Não saberia dizer-te onde nasceu, que tipo de vida levava, nem sua idade. Tudo o que posso afirmar é que imagens como esta eram fabricadas há cerca de quatro séculos. Especialistas acreditam que são da primeira metade da dinastia Ming.

"Provavelmente o artista teve uma vida comum, sem ambições, trabalhou arduamente e morreu sem jamais ter imaginado sua grandeza. Mas sua obra permaneceu, e esta imagem, que um feliz acaso trouxe à nossa região, poupada dos horrores das últimas guerras, continua tal como saiu de suas mãos. E poderá continuar assim, ainda durante muitos séculos, com todo o brilho de sua majestade original.

"Ah! criar alguma coisa assim, simples e espontaneamente, isso é ser poeta! Essa é a arte que não dura algum tempo, mas toda a eternidade.

"Que maravilha, essa porcelana imperecível, esse brilho que não ofusca e nada pode ofuscar. Isso vive aqui e em toda parte, tão resistente em sua sutileza, e continuará a ser assim quando nossos filhos tiverem partido... E a alma do artista deixou-se absorver no Tao."

Continuamos muito tempo nessa contemplação silenciosa. Por fim, erguendo o oratório como uma reverência, disse o sábio: "Ela é tão frágil que hesito expô-la à luz do dia. A luz é demasiadamente cruel com o que é etéreo como a alma. Parece-me que quebraria, que de repente evaporaria como a bruma da manhã. Pois não é feita de matéria, mas de espírito".

Com cuidado, guardou a imagem no oratório e voltamos a nos sentar à sombra do rochedo.

"Como tudo seria melhor, o mundo e a própria vida", disse-lhe, "se os homens criassem coisas semelhantes para tê--las ao redor!"

"Isso é pedir muito", respondeu o sábio. "No entanto, houve tempo em que o império chinês era um único grande templo dedicado à arte. É possível ver os vestígios disso em muitos lugares. Naquela época, a maior parte dos homens eram simples artistas. Objetos corriqueiros eram belos, grandes ou pequenos, valiosos ou não. Podemos saber disso ao estudar os utensílios dessa época, as xícaras, os minúsculos defumadores... Os mais pobres trabalhadores comiam em tigelas tão perfeitas quanto a minha estatueta de porcelana, mantidas as devidas proporções. Tudo o que se criava tinha sua beleza natural.

"Esses artesãos não se viam como grandes artistas, nem acreditavam que fossem diferentes do homem comum. Portanto, não havia brigas mesquinhas entre eles, o que teria representado o fim de sua arte. Tudo era belo porque todos eram simples, verdadeiros e trabalhavam de boa vontade. As coisas eram tão naturalmente belas quanto hoje são naturalmente feias.

"Percebeste a decadência da nossa arte? A arte, na China, retrocedeu ao extremo. Embora os objetos de uso cotidiano, em sua maioria, ainda sejam muito mais estéticos que os horríveis produtos da indústria ocidental, eles continuam deteriorando-se. É um sinal funesto para nosso grande império, uma vez que a arte é parte inseparável da prosperidade de um país. Evidentemente, prosperidade moral e não meramente econômica ou política, tal como a entendemos em nossos dias. Homens simples são fortes e saudáveis, e criam espontaneamente a arte verdadeira e harmoniosa.

"Sim, meu filho, a vida dos homens seria melhor se soubessem o que põem ao seu redor. Por que deixou de ser assim?

No entanto, em toda parte, o homem vive em meio à Natureza, pode ver árvores, nuvens, o mar, por todos os lugares."

Incansável, o mar persistia em seu cantar. De horizontes longínquos, nuvens avançavam em direção à terra, num ritmo lento e majestoso, como se a luz as tornasse mais pesadas. Sombras douradas acariciavam as montanhas e partiam no mesmo ritmo das nuvens. Tudo era luz, movimento, som, tonalidade, harmonia infinita.

O sábio olhava sereno ao redor, deixando transparecer sua familiaridade com tudo o que ali estava. Parecendo adivinhar meus pensamentos, ele disse: "Nossa presença em meio à beleza é tão natural quanto a da árvore ou do rochedo. Se sabemos permanecer em nosso estado de simplicidade, sentimo-nos definitivamente seguros no ritmo universal. Muitas palavras foram ditas a respeito da vida humana, e os sábios se perderam em complicados labirintos. Mas em essência nossa vida é tão simples quanto a Natureza. Uma coisa não é mais complexa nem mais simples que outra, a ordem está presente em todos os lugares. O curso de tudo é tão inevitável quanto o movimento do mar".

A voz do sábio vibrava como se brotasse do fundo do coração, e exprimia a certeza calma de quem sabe que suas premissas fundam-se numa verdade inabalável.

"Estás satisfeito por hoje?", perguntou-me num tom suave. "Ajudei-te de algum modo? Começas a ter uma ideia mais clara do que é a poesia?"

"Mestre", respondi, "tua sapiência é poesia, e tua poesia é sapiência. Como pode ser assim?"

"Um dia perceberás que as palavras são apenas aparência", disse o sábio. "Não conseguiria dizer-te o que minha sabedoria e minha poesia são. Tudo caminha para o Único. Compreendendo isso, experimentarás a completa simplicidade.

"Tudo é Tao."

NOTAS

(11) Inclusive as linhas a seguir: "A poesia é o som do coração", foram traduzidas e usadas por mim no prefácio de Ong Giao Ki (primeira metade do século XVIII), numa edição sobre a arte poética na dinastia Thang.

(12) Frase traduzida do *Nan Hwa King*, capítulo XVIII.

(13) É com extremo zelo que os chineses conservam os objetos preciosos. Uma estátua antiga do Buda é normalmente colocada em um oratório forrado com seda, que por sua vez é posto em uma caixa embrulhada num tecido mais rústico. E só é desembrulhada em raras ocasiões.

(14) *Derna*, a pérola da alma.

(15) Esta imagem é de Chen Wei. Ho Chao Tsung foi outro grande artista, do qual consegui algumas obras com muita dificuldade. Esses nomes são familiares a todos os conhecedores, mas tentei, em vão, obter alguns dados biográficos. Ficaram célebres apenas depois de sua morte e viveram tão anonimamente que até o lugar onde nasceram é desconhecido. [Kwan Yin — a "Dama do Lotus" — está associada ao simbolismo do peixe, que se encontra em várias formas tradicionais; associada à ideia de misericórdia, pertence à cadeia simbólica da qual fazem parte Cristo, Vishnu, Ishtar, Afrodite, Ester, entre outros. (cf. Guénon, *Symboles fondamentaux de la science sacrée*, Ed. Gallimard, 1962.)] (N.E.)

O AMOR

Mais uma vez, a noite caía. Estávamos sentados no alto da montanha, tranquilos, em harmonia com o grande silêncio daquela hora. Ao nosso redor, os montes pareciam ter-se ajoelhado, imóveis, sob a suave bênção que descia com a noite. Na encosta de uma colina, uma árvore solitária parecia aguardar, em atenção respeitosa, que a noite se consumasse. O mar abaixo sussurrava, sonhador, perdido na própria grandeza. O ar estava tomado de quietude, e os últimos sons do dia subiam ao céu como uma prece murmurada.

Sob o manto escarlate do crepúsculo, o sábio fundira-se completamente à paisagem, imóvel como a montanha, majestoso como uma árvore frondosa. Outra vez viera ouvi-lo. Na sua ausência, minha alma não mais encontrava repouso, agitada que estava por violentas inquietações. Assim que me vi diante do sábio, as palavras desapareceram. Por que falar? Tudo se revelara simples e bom: reencontrara minha própria essência na beleza que me rodeava, sabia que tudo seria absorvido no Infinito e sentia uma paz muito além do que jamais sonhara.

Mas não resisti a desfazer o encanto, e minha voz irrompeu no silêncio.

"Mestre", disse tristemente, "tuas palavras ganharam vida em meu coração, e o perfume de tua sabedoria inebriou minha alma. Mas não me reconheço mais. Sinto como se a vida me abandonasse, e não sei o que, a cada instante, acontece dentro de mim. O vazio é cada vez mais profundo. Mas isso não é o amor, e sem amor o Tao se mostra a mim como uma tenebrosa mentira."

"Então, o que é o amor?", perguntou o velho, sorrindo.

"Não", respondi, "talvez por ignorar que esse mistério seja para mim tão importante. Falo, é claro, do amor que um dia conheci. Jamais esquecerei o momento em que contemplei pela primeira vez a imagem da Amada.[17] Minha alma comoveu-se a ponto de romper todos os limites. Como poderia expressá-lo? Foi grande como o mar, os céus, a morte. Foi a luz para o cego que eu era. Não saberia dizer se era dor ou alegria; meu coração batia a ponto de explodir, e meus olhos ardiam, o mundo era como um braseiro. Uma chama impetuosa emanava de minha alma. Então, todas as coisas passaram a ter uma vida estranha. Era uma angústia deliciosa, infinitamente superior a mim mesmo. Acho até que era maior que o Tao."

"Eu sei", disse o sábio. "Era a Beleza, a forma terrestre do Tao sem forma, despertando em ti o ritmo que conduz ao Tao. A revelação poderia ter-se manifestado a partir da visão de uma árvore, de uma nuvem, de uma flor, mas como és um homem e te alimentas de paixão foi preciso a intervenção de uma mulher, forma que te é muito mais acessível e familiar. Visto que a paixão subjugou a contemplação pura, teu ritmo se acelerou até te tornares agitado como o mar tempestuoso, cujas ondas se chocam umas nas outras sem saber para onde vão. Porém, crê em mim, o que havia de essencial em tuas emoções não era o que chamas amor, mas o Tao."

A calma imperturbável do velho parecia aumentar ainda mais minha agitação. O apego às minhas emoções turvou minha mente e levou-me a dizer palavras cheias de rancor.

"É fácil falar e difícil viver", exclamei. "Tuas ideias são admiráveis, mas é preciso viver as situações para saber. Se não se experimentou, não se pode saber do que se trata."

O sábio me olhou com ar compassivo: "Para qualquer outro que não eu, meu filho, tuas palavras seriam rudes. Sabe que experimentei esse amor antes mesmo que teus olhos se abrissem para a luz do mundo. Era uma jovem tão maravilhosa aos olhos que parecia ser a forma visível do Tao. Não podia ver outra coisa. Sua beleza era superior à beleza desta noite, e sua doçura maior que a névoa que cobre o topo dessas montanhas, mais suave que o silêncio profundo, ou o perfume que as árvores exalam em louvor à terra. Seu brilho era mais puro que o das estrelas. O Universo inteiro era ela, afora ela nada mais existia. Não te contarei tudo o que ocorreu; basta dizer que, em meio ao êxtase, ardi em todas as chamas do inferno. Mas sendo tudo irreal, tudo dissipou-se como uma tempestade de verão. Ao chegar a esse ponto, senti que morria. Quis refugiar-me no Nada para escapar da dor. Finalmente, a alvorada surgiu em minha alma, e, com a luz, a confiança voltou. Tudo era como antes, nada se perdera. A beleza que eu acreditava não possuir continuava a viver em mim, imaculada, pois não emanava da amada, mas de meu coração. O que vi naquela vaga aparição feminina reencontrei na Natureza; é sempre o mesmo ritmo que faz a alma vibrar em ressonância com o Tao."

A calma do sábio contagiou-me, e eu lhe disse: "A mulher que amei tão intensamente foi levada pela morte. Minha alma, já tumultuada pelo encontro, conheceu a dor da separação. Meu coração partiu-se como a haste de uma flor nas mãos de uma criança. Hoje, muito tempo depois, tenho uma companheira admirável que está tão próxima de mim quanto o ar e a luz. Eu a amo. Como não amá-la? Sua pureza e bondade me cativam a cada instante. A seu lado, minha vida, que era triste e desordenada, tornou-se uma estrada clara. Desde que a encontrei, caminhamos juntos pela vida, confiantes, sem nada temer, sequer a morte. Ela é simples e verdadeira como a Natureza, e seu rosto tem para mim o esplendor de um raio de sol. No entanto, não é o mesmo amor que senti por aquela que partiu. É como se ainda estivesse ligado a ela".

"Sim, tu amas, embora não conheças a verdadeira natureza do amor", observou o sábio. "Do amor que não pudeste realizar restou apenas apego e ilusão. Na verdade, nada tens a lamentar. Ouve mais uma vez: o que chamas amor não é senão o ritmo do Tao. Mal começaste a despertar para a existência, quando tua alma ainda não tinha deixado as trevas da adolescência, sentiste o primeiro impulso, e não podias ver aonde isso te conduziria. Enfim, o Ritmo te conduziu à Mulher. No entanto, este é apenas o primeiro passo; ao realizar teu impulso, enquanto vossos corpos se confundiam, continuavas a sentir o ritmo dentro de ti, o mesmo que sempre te faz seguir adiante em direção ao Repouso. É nesse momento que uma grande tristeza cai sobre os amantes. Eles se entreolham e se perguntam para onde devem ir. Se superarem os limites dessa paixão, então, de mãos dadas, guiados pelo mesmo ritmo, serão conduzidos à verdadeira meta. Podes chamar isso 'amor'. Que importa a palavra? Chamo isso 'Tao'... Como duas pequenas nuvens, as almas dos amantes serão levadas lado a lado pelo mesmo sopro, rumo ao azul insondável."

"Mas não é assim que vejo", exclamei. "Não posso conceber o amor associado a qualquer ideia de dissolução! Amor é jamais querer separar-se, é o desejo dos corpos de misturarem-se no mesmo êxtase, o anseio das almas que buscam a união. E isso exclui qualquer forma de dissolução ou separação, em relação ao amado ou à Natureza. Ah!, deixa-me ficar entre as coisas belas, junto à minha amada, no doce seio da terra! Aqui, sob a luz, me reconheço; enquanto o Tao permanece, para mim, um abismo de obscuridade mística."

"O desejo da carne é limitado pelo tempo", respondeu o sábio, impassível. "A forma exterior de tua amada, como a tua, se extinguirá. Ante a chegada do outono, a flor cai ao chão, a folhagem empalidece, perdem pouco a pouco a plenitude e a cor, até dissolverem-se no limo gelado. Como podes apegar-te a algo tão efêmero?

"Digo isso com franqueza: tu não sabes de que forma amas, nem qual o objeto do teu amor, nem o que é realmente amar. A beleza da mulher é um reflexo da beleza sem forma do Tao. A emoção que desperta em ti esse desejo de nela perder-se, essa expansão que engrandece a alma a ponto de querer, com a amada, ir em direção a horizontes de felicidade inefável, creia-me, é o ritmo do Tao. Na verdade, queiras ou não, és como o rio que não pode deter-se em suas margens, pois obedece sem saber à força irresistível que o leva ao oceano. Se te entregares a esse ritmo, *wu wei*, experimentarás a harmonia em todas as coisas; se resistires, sentirás apenas a impotência de teus atos. No entanto, o que quer que faças, serás conduzido inexoravelmente em direção ao Tao.

"Recorda as palavras de Chuang Tsé: 'A Felicidade Suprema é a Não-felicidade'. Para que então essa busca desenfreada por felicidade? Não percebes que essa feliz ascensão é breve, ínfima e desprezível, acompanhada de uma queda inevitável, sempre recomeçando apenas para cair novamente? Por que resistir ao curso de tua própria natureza? Que lástima, esse desejo vacilante dos homens e sua eterna hesitação!

"Não esperes que a mulher te dê a felicidade. Ela é apenas a mensageira que anuncia o Tao. Na Natureza, ela é a Forma perfeita da manifestação do Tao, o doce poder que anima o ritmo em ti. Mas, assim como tu, ela é humana e, reciprocamente, tu és seu impulso anunciador. Deixa de considerá-la como o Tao, o Sagrado, ao qual gostarias de abandonar-te. Se pudesses vê-la realmente como é, não a fantasiarias tanto. Se desejas amar uma mulher, ama-a, pois sois na verdade equivalentes em vossa possibilidade e fraqueza. Não a arrastes contigo em tua insana busca por felicidade. É preciso que aprendas a contemplá-la como uma forma do amor, cuja essência é o Tao.

"O poeta encontra a mulher e, movido pelo ritmo, reencontra a beleza da amada em toda a Natureza. As duas belezas provêm da mesma fonte, são as formas do Tao sem forma. Quando a contemplação desperta em tua alma uma aspiração que não se pode definir, é necessário saber que se trata do desejo de ligar-se a essa beleza, à sua essência. Isso é o Tao. Para tua companheira não é diferente. Ambos são guias espirituais que, mesmo sem saber, podem conduzir-se mutuamente em direção ao Tao."

Permanecemos imóveis e pensativos por muito tempo. Sentia-me tomado pela grande tristeza que as cores oscilantes da paisagem produziam no silêncio da tarde. No horizonte, um filete vermelho marcava o lugar onde, há pouco, o sol havia desaparecido. Parecia que o céu estava ferido.

"O que é então essa tristeza que a Natureza exala por todos os lugares?", perguntei. "Observo o crepúsculo, e é como se toda a terra chorasse por um sonho não realizado... As cores sombrias, as árvores caídas, os lamentos da noite, as brumas que cobrem as montanhas como uma mortalha... Que dor é essa que aflige a própria Natureza? Ela é como a amante perdida que busca seu Amado. Tudo o que vejo é tristeza e nostalgia..."

O sábio continuou: "É a mesma tristeza que vive no coração dos homens. Tuas dolorosas aspirações são semelhantes às da Natureza, e a nostalgia da noite é a mesma que ressoa em teu coração. Tua alma distanciou-se do Tao, o Amado, a quem ancestralmente está unida; assim como tu, a Natureza só tem um desejo: entregar-se novamente a ele.

"Não é a mais perfeita e absoluta expressão do amor — estar tão unido ao Amado a ponto de ser sua essência, e ele a nossa? É amor infinito, pois nem a morte nem a vida podem destruí-lo. É amor puro o bastante para que nenhum desejo o atormente. Tendo alcançado a 'felicidade absoluta', tudo, a partir desse momento, encontra o Repouso, a verdadeira comunhão, pois o Tao é o espírito eterno, a essência perene.

"Esse amor é infinitamente maior que aquele que sentes por uma mulher; é ele o princípio sagrado do qual emanam todas as formas de amor. O amor humano, isolado de seu fundamento, o Tao, é frágil, pois sempre sucumbe às turbulentas paixões que ofuscam a vida da alma. Somente quando estiveres imerso no Tao, estarás para sempre unido à alma da amada, às almas fraternas de teus semelhantes, à alma da Natureza, à alma da Mulher. Os raros momentos de felicidade que os amantes experimentam num curto espaço de tempo dissolvem--se ante a felicidade infinita, em cujo seio as almas de todos os amantes se fundem para formar uma única eternidade de pureza inalterável."

Aos poucos, minha alma concebia horizontes de felicidade cada vez mais amplos, mais vastos que as margens do mar, que o mais distante dos céus.

"Mestre", exclamei, "percebo cada vez mais claramente que o Universo é sagrado. Como pude estar cego por tanto tempo? Durante toda minha vida, tenho sido devorado pelo desejo. Conheci a dor e a prostração mortal que vem depois das lágrimas. Entreguei-me à angústia e tive medo diante da morte. Carregado de culpa e mágoa, perdi a confiança em mim e na bondade das coisas. Pensei já estar condenado pelas paixões violentas que me dominavam como fogo devastador. Escravo de meus desejos, eu os odiava, mas a eles servia, covarde que era. Pressenti a morte de tudo que conheci, os olhos luminosos de minha amada, o brilho de sua alma, fadados enfim ao pó. Acreditei que nunca mais conheceria a paz.

"Porém, apesar de todo desespero, o Tao, guardião fiel, jamais deixou de existir em mim. Vejo agora que a luz nos olhos da amada era na verdade o Tao. É assim mesmo, mestre?

O Tao está em tudo que nos rodeia? A essência da terra e dos céus, a da amada e a minha são uma coisa só? É esta a origem das aspirações cujo objeto eu desconhecia, que sempre me impulsionaram mais adiante?

"O que pensei que havia perdido — a beleza, o amor, a paz — reencontro agora diante de mim. Sim, todo o tempo eu era guiado pelo Ritmo, a própria vida da Natureza, que indica aos astros seu caminho luminoso pelo espaço. Se é assim, tudo está consagrado, tudo é Tao, e no Tao tudo é o que a própria alma é. Minha alma já pressente a revelação futura daquilo que os céus acima de nós e o mar a nossos pés sempre souberam. A Natureza se comove ante a Presença sagrada, e minha alma compartilha de tudo o que vê, pois viu Aquele que ama."

Fiquei imóvel, perdido em silenciosa introspecção. Sentia que meu mestre e eu éramos uma só alma — éramos *um* com a alma universal. Meus olhos não viam, meus ouvidos não escutavam. O desejo me abandonara, enfim eu experimentava o Repouso infinito. Então, um leve ruído trouxe-me de volta: já maduro, o fruto se separara de sua árvore. Ergui os olhos e vi, como um luar resplandecente, o rosto do sábio que se inclinava sobre mim.

"Meu filho", disse ele, "exigiste demais de tuas forças. Caminhaste muito em pouco tempo. O esgotamento te fez dormir. Olha, o mar também adormeceu, nada incomoda seu repouso, e adormecido recebe a consagração da luz. Desperta; teu barco espera para levar-te de volta à cidade dos homens."

Com o espírito ainda toldado pelo sono, respondi: "Deixa-me ficar aqui! Não quero mais partir deste lugar. Estremeço só em pensar no mundo dos homens, no tumulto e na vulgaridade dos homens. Como poderia conduzir minha alma em meio a essas forças tenebrosas? Como poderia proteger-me atrás de risos e palavras, para não sucumbir a seus ataques?"

Com gravidade, o sábio colocou sua mão em meu ombro: "Ouve bem, meu filho e crê em mim. O que te vou dizer será difícil, mas é uma dor da qual não te posso poupar. Sim, deves voltar e ficar entre os homens. Nossas conversas já se alongaram bastante e talvez eu tenha revelado coisas demais a ti.

"Agora, é preciso crescer e amadurecer. Não podes mais satisfazer-te com aquilo que outros descobriram, deves libertar-te do juízo e sabedoria alheias. Se souberes buscar com simplicidade, a verdade se oferecerá a ti como um fruto maduro ao alcance de tua mão.

"Nesse momento, guarda uma noção bem pura do que te disse. Alcançaste um dos picos de tua existência. Mas tuas forças ainda não são suficientes para carregar o fardo de teu conhecimento. Tu voltarás a cair, e o saber imaterial de tua alma tornará a parecer apenas 'ideias' e 'teorias'. Aos poucos, muito lentamente, retornarás a um ponto em que, novamente purificada, tua consciência permanecerá para sempre. Atingido esse ponto, nada mais haverá a teu redor que se oponha a ti, e então será até mesmo melhor que fiques aqui. Mas nesse dia já terei deixado esta terra há muito tempo.

"É preciso crescer na vida, e não à margem dela. Ainda não és suficientemente puro para colocar-te além dela. Sim, eu sei, há pouco estiveste acima dela. Mas cuidado, a reação está à espreita. Ainda não tens o direito de evitar teus semelhantes, e bom seria se às vezes tivesses uma percepção mais clara que a deles. Mistura-te aos homens e toma suas mãos como as de um companheiro. No entanto, não desvendes tua alma àqueles que ainda não saíram das trevas. Ririam de ti, não por maldade, mas por profunda convicção, por não terem consciência da própria miséria e degradação, e por desconhecerem as coisas sagradas das quais tu te alimentas. Tua certeza deve ser forte o bastante para resistir a tudo. Só conquistarás tua força através de combates heróicos. Não temas nem tentes escapar à dor e às lágrimas, pois elas fazem parte do caminho que conduz ao Repouso. Antes de mais nada, lembra-te que o Tao, a Poesia e o Amor são inseparáveis, mesmo quando se insiste em distingui-los com diferentes nomes. Estão sempre presentes, para onde quer que olhes. Neste olhar sagrado estarás seguro. Coisas boas chegam a ti, inúmeras, propiciadas por um amor ilimitado. Tudo é santificado pelo Tao, a essência de tudo."

As palavras do mestre tinham uma suavidade persuasiva que desarmava qualquer contraposição. Dócil, deixei-me conduzir por ele à beira do mar, onde meu barco esperava.

"Adeus, meu filho", disse o sábio com voz afetuosa e firme. "Lembra-te de minhas palavras."

De repente, ao imaginar a extrema solidão daquele velho, senti-me comovido e pareceu-me impossível deixá-lo assim.

"Mestre", disse, tomando sua mão, "por que não vens comigo? Deixa-me cuidar de ti. Eu e minha companheira nos encarregaremos de tudo, daremos à tua velhice nossa companhia e afeto. Não fiques aqui sem alguém que te ampare."

O sábio sorriu, como um pai ante uma tolice do filho, e, com a mesma firme suavidade, respondeu: "Já recaíste. Percebes como é necessário que voltes para a vida dos homens? Acabei de falar do amor incomensurável que me envolve, e imaginas que estou só e abandonado. Estou tão seguro no Tao quanto uma criança nos braços da mãe. Teu coração é bom, mas ainda te falta sabedoria. No entanto, teu afeto me comove e te agradeço por isso. Agora, tu mesmo deves ser o primeiro objeto de tuas preocupações. Age de acordo com os preceitos que te ensinei, pois só visam ao teu bem. Adeus! Em teu barco encontrarás uma lembrança dos dias passados aqui."

Incapaz de falar, inclinei-me e beijei sua mão respeitosamente. Quando levantei meus olhos, vi a serenidade em seu rosto, claro e calmo como o luar que nos envolvia.

Parti levado pelas remadas fortes e rápidas dos barqueiros. Já íamos bem longe, quando meu pé esbarrou num objeto pesado. Lembrei-me das últimas palavras do sábio e apressadamente abri a caixa que estava a meus pés. Coberta por uma aura mística, vi a imagem de Kwan Yin, a estatueta de porcelana quase transparente, tão fina que era, o tesouro que o querido ancião tanto amava e que conservava com tanto cuidado.

Em sua calma cheia de majestade, com suas linhas austeras e ao mesmo tempo tão suaves, Kwan Yin, transparente, eterizada, repousava entre as folhas luzentes do lótus claro. Brilhava à luz pura da lua como se fosse moldada pela substância de uma alma.

Quase sem acreditar que esse objeto santo me fora dado, agitei as mãos para sinalizar minha gratidão ao sábio. Imóvel à beira-mar, seus olhos fitavam o espaço. Esperei um gesto, um só, que confirmasse uma vez mais o seu afeto. Mas ele não se moveu. Para onde olhava daquela maneira? Para mim? Para o mar?

Voltei a fechar a caixa e apertei-a contra mim, como se levasse comigo o carinho de meu mestre. Tinha a prova de que eu entrara em seu coração, e no entanto aquela calma imperturbável me incomodava; uma grande tristeza tomou conta de mim por não me ter oferecido um último aceno. Naquele momento, soube que meu mestre tinha razão, eu ainda pertencia ao mundo dos homens.

O barco se distanciava, e a silhueta esguia do sábio acabou por atenuar-se até desaparecer. Ele ficaria ali, com a Natureza, em suas meditações, sozinho em meio ao infinito, repousando no seio do Tao. Quanto a mim, voltava para o convívio dos homens, meus irmãos e semelhantes, em cujas almas está o Tao, a essência perene.

Quando as luzes do porto já brilhavam ao longe, e o ruído da cidade alcançava meus ouvidos, senti uma força crescer em mim e pedi ao remador que se apressasse. Eu estava pronto. Acaso não estaria seguro naquela cidade agitada como em qualquer outro lugar? No coração de todas as coisas estão o Amor, a Poesia, o Tao.

O Universo inteiro é um vasto santuário, abrigo tão seguro quanto uma casa boa e forte.

NOTAS

(17) Borel emprega aqui o termo "Virgem", fortemente associado à cosmologia cristã. Porém, ao longo do texto, ele o substituirá alternadamente por "Mulher" e "Amada", este último utilizado para caracterizar também a Natureza em relação ao Tao. Os três termos remetem-se ao ideograma chinês *yin*. De modo geral, este designa o princípio feminino e passivo, por oposição a *yang*, o princípio masculino e ativo; de modo particular, emprega-se no *Tao Te King*, onde os tradutores ocidentais o vertem, o mais das vezes, por "Fêmea Misteriosa" ou, como o faz Lin Yutang, "Esposa Mística". É possível que o termo "virgem" tenha sido intencionalmente empregado pelo Autor de modo associar o princípio taoísta *yin* à *Sophía*, ou Sabedoria, que a Gnose ocidental representa como uma virgem a ser desposada pela alma do homem sábio. (N.E.)

Ilustrações e vinhetas utilizadas nesta edição:

página 7, de Tao-tsé (séc. XVII)
página 13, de Tchang Feng (séc. XVII)
páginas 23 e 49 , de Siu Wei (séc. XVI)
páginas 25, 51 e 71, de Wang Mien (séc. XIII)
página 69, de Cheng Hsieh (séc. XVIII)

Este livro foi composto em Adobe Garamond e impresso em papel Pólen Bold 90 gr. para a Attar Editorial na PSI7 em maio de 2020.